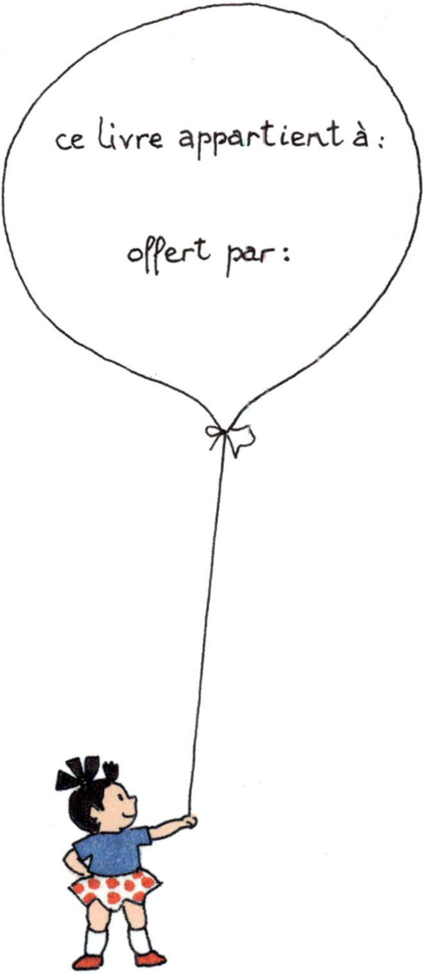
ce livre appartient à :
offert par :

RETROUVEZ **mimi cracra** DANS

MA PREMIÈRE BIBLIOTHÈQUE ROSE

Mimi Cracra dans le grand bain

Mimi Cracra sous la pluie

Mimi Cracra en cuisine

Mimi Cracra au bord de la mer

Mimi Cracra toute l'année

Mimi Cracra change d'habits

Le Noël de Mimi Cracra

Agnès Rosenstiehl

Le Noël de Mimi Cracra

HACHETTE

Hachette Livre, 43, quai de Grenelle, 75015 Paris.

Amuse-toi avec Mimi Cracra sur son site :
www.mimicracra.com

à Louis Tajan
et Joseph Renouf
à Jeanne, Eva et Lucie Gay
à Abel, Adèle, Anna
et Madeleine Rosenstiehl
à Ella Choudhury
et Estrella Clouet
à Samuel Gay
et Max Rosenstiehl
mes petits-enfants chéris !
A.R.

Bientôt Noël

Quelle histoire, ce Noël qui revient encore pour nous faire plaisir ! À chaque fois qu'il fait noir, qu'il fait froid et qu'il pleut tout le temps, toc ça y est : c'est Noël. Donc bientôt, il y aura des lumières partout dans

les rues, dans les maisons, on va mettre nos gros pulls en grosse laine décorés avec des flocons de neige et des rennes qui courent dessus, et ça va sentir le sapin et la clémentine dans tous les coins ! Moi, avant Noël, je fais un calendrier pour me rappeler tout ce qu'il ne faut pas oublier, car c'est très compliqué ! Ah là là, quel travail, mais j'adore ça ! Et voilà mon modèle !

1
2
3
4
5
7
8
9
10
13
15
18
19
sapin
20
gâteau
23
24
25
noël

La lettre au Père Noël

Bon, allez, ça commence. La lettre au Père Noël, en fait, c'est ce qui est le plus difficile. On peut lui dire par exemple :

« *Cher Monsieur* » (parce qu'on ne le connaît même pas...), ou bien comme ça :

« *Cher Père Noël* » (moi j'y crois...), ou bien alors : « *Mon cher ami* » (mais ça alors, c'est plutôt pour le Président d'Europe)...

Et puis il faut des idées de cadeaux... Bon, je lui écris ma liste et c'est lui qui choisira, parce qu'il ne faut pas le ruiner. Il y a les autres et tout ça ! J'espère qu'ils ne vont pas le ruiner non plus, avec leurs poupées parlantes et leurs balançoires automatiques !

cher père Noël
et cher ami:
je voudrais plein de
trucs pas cher du tout!
ça:
ça:
et ça:
ça:
ça:
ça:
merci d'avance et
salut!
mimi cracra

Fabrication de cadeaux

Il n'y a pas que le Père Noël pour les cadeaux : j'en donne aussi à mes enfants. À Nounours, à mon chat Raminagrobis, et... à ma vieille Poupée. Bon, mais quoi ? Qu'est-ce qu'il aime mon Nounours ? Hé hé : un

pot de miel à la myrtille qui lui rappelle sa forêt natale ! Et mon chat, qu'est-ce qu'il veut ? Un câlin ? Mais ça ne compte pas... Eh bien je sais : avec mon vieux pull,

que je ficelle avec plein de rubans, je lui fais une balle, lui qui n'en a pas ! Et pour Poupée, ce tout petit poupon, qui sera sa poupée à elle ! Ça va lui faire plaisir !

Beaux paquets

Vous, tournez-vous ! Je prépare des surprises, ce n'est pas le moment de regarder, avec vos yeux d'enfants ! Je suis la maman qui commande. Bon, tous les trois cachés. Et je prends mon papier. Pour Nou-

nours, du papier à cabinets parce qu'il est rose et qu'il sent les fleurs. Pour Raminagrobis, le sac bleu en plastique qui sent le poisson va lui plaire beaucoup ! Avec le cadeau de balle dedans ! Et pour Poupée ? Je lui mets sa petite poupée dans un gant de toilette. Ça lui fera son petit sac de couchage pour pouvoir partir en voyage avec sa mère. Vite je cache mes cadeaux sous mon lit !

Belles décorations

Noël dans la poubelle ? Mauvaise nouvelle ! Il faut ranger cette chambre de malheur et ce désordre de malheur, et ce couloir de malheur et ce frigo de catastrophe ! Le frigo d'abord : ce petit reste de gâteau, ça

fait du désordre : hop je le mange et hop ça disparaît. Ce vieux bouquet va plonger dans la poubelle mais avant, je garde ses fleurs encore bonnes et j'en mets partout dans la maison. Une dans le verre à dents, une sur la table et une dans ma chambre. Et je fais des tout petits dessins sur les murs, en tout tout petit ! Des étoiles rouges et des étoiles vertes, comme un tout petit petit feu d'artifice...

Il faut une crèche

Et maintenant, la crèche ! Cette boîte à chaussures verte comme une forêt, c'est notre crèche. Qui veut faire le bébé qui s'appelle Jésus ? Toi, petit Lego ? Bon d'accord. Et voilà ta maman Lego qui a un casque de

pompier mais on dit que c'est son voile ; et le papa était un pirate avant mais maintenant il fait le père. Et on a des moutons ! Quoi, Loup du Plastoc, tu veux faire un berger qui regarde l'étoile par-dessus la crèche ? D'accord, bon mais pas de bêtises, hein ? L'étoile, on la découpe dans du papier alu : tout brille dans la nuit de Noël. Le lit du Jésus sera en or avec du papier de chocolat, car il est très gentil.

Pour faire l'âne, on a une girafe, et pour le bœuf, on a une vache qui revient au même ! Ça y est, la crèche ! Sauf qu'il ne faut pas de bébé maintenant : il n'est pas encore né ! Hop, bébé sous mon lit, avec mes paquets.

Les cartes de Noël

Et si quelqu'un oubliait que c'est bientôt Noël ? Oh là là catastrophe ! Il faut envoyer des cartes de Noël ! C'est l'urgence ! Pour Noël, on pourra dessiner : une crèche dans la nuit avec une étoile. Ou un sapin décoré

avec plein de boules et de guirlandes. Ou une maison dans la neige. Ou un Père Noël avec ses lutins. Et c'est tout. Pour Noël, on ne peut pas dessiner des palmiers, ou le bord de la mer, ou même un lac : ça ne marche pas ! Quand on a dessiné sur un côté de la carte il faut écrire de l'autre côté, par exemple :

« *Chère Tante Jeanne, c'est bientôt Noël, je t'embrasse bien fort, Mimi Cracra.* »

Ou alors comme ça :

« *Mon Tonton chéri, tu te souviens de moi, Mimi Cracra ? C'est moi qui t'écris cette carte pour te souhaiter un bon Noël (qui est très bientôt) et un gros bisou.* »

Voilà, c'est le modèle, par exemple...

Et hop, à la poste !

Il faut un sapin

Bon, mais où est notre sapin, au fait ? Dehors, il y a un grand sapin pas décoré et qui est à tout le monde dans la rue, donc il est à moi aussi quand je vais dans la rue. Mais on ne le voit pas par ma fenêtre, alors ça

compte pas, comme sapin ! On en veut un dans la maison, pour le sentir ! Les sapins, c'est surtout pour sentir : ça sent le cadeau !

Tiens, c'est quoi par terre ? Trois branches de vrai sapin, gratuites ! Une branche de sapin, ça ressemble déjà à un arbre ! Mais tout ça ne

tient pas debout ! On va les mettre ensemble dans le grand fait-tout avec du papier journal pour le tenir, ce sapin, une forêt, presque, et une forêt gratuite, en plus ! Ah ah, venez voir tout le monde, ça y est ! Ça tient presque bien ! Notre sapin est arrivé, il est plus grand que moi et il sent bon la forêt de Noël. Il n'y a plus qu'à le décorer !

La décoration du sapin

En fait, il n'y a rien du tout comme décorations, ici... C'est un peu fort... Quoi faire alors ? : on peut mettre à ce sapin des écharpes. Je sais où il y en a: dans ce placard. Tiens ! voici une écharpe rouge !

Parfait ! Et là une bleue ! C'est plus que parfait. Et une écossaise ! Pas tout à fait parfait : tant pis pour elle. Pour les boules, voici des clémentines : on dirait des boules dorées, ça ! Et qui sentent la clémentine, en plus ! Mais alors là, elles ne veulent pas tenir, et je ne sais pas comment les accrocher... Je les pose dans les bras du sapin, il les tiendra, lui ! C'est drôle, ces boules : on dirait qu'il pousse des

clémentines dans un sapin ! Bon, voici maintenant une autre idée qui arrive : un peu de farine, un tout petit peu, sur ce sapin, et on dira que c'est de la neige ! Aïe aïe aïe, il n'y en a presque plus, de farine ! Ça ne fait pas beaucoup de neige ! Quel temps, ma parole ! Je vais mettre du sucre ! Bien mieux, le sucre : ça fait de la neige qui brille et bonne à lécher ! Ah, le bon sapin !

Le gros poulet

Bizarre : ça sent le chocolat et qu'est-ce que je vois ? Un énorme poulet ! Qui attend d'être cuit pour nous régaler : il ne le sait pas... ! Quand les poulets sont aussi gros que ça, ce sont des dindes ou des dindons, un

genre de poulets qui disent « goulougoulougoulou » au lieu de « cot cot codett ». Dans son bidon, on met les pommes et les marrons. Moi je préfère des frites ! Mais on ne va pas faire des histoires le soir de Noël, hein ! Bon ! D'ailleurs que vois-je ? Un grand bol de chips pour remplacer les frites ! Ça, ça m'intéresse ! C'est la preuve qu'on fait tout pour nous faire plaisir, ici !

Plein de gâteaux

Voici enfin, sur cette table de Noël, un gâteau au chocolat. Et voici les petits sablés que j'ai faits, moi, en forme de lions, et d'ours, et de kangourous et tout ça. Ils attendent Noël. Quand ce sera le jour de Noël, ils iront

à la crèche dire bonjour à tout le monde, et on les mangera après, les pauvres... Et, voici des bonbons de mon tiroir, dans leurs papiers un peu vieux : j'enlève les vieux papiers, et hop, qu'est-ce qui arrive ? Des bonbons tout brillants, tout beaux et tout neufs ! Et comme ils collent un peu, et qu'ils collent beaucoup, on pourra même en mettre dans le sapin : ils tiendront tout seuls !

On enlève ses chaussons

Et ce soir, c'est quoi le programme ? C'est de ne pas oublier de mettre ses chaussons devant la cheminée pour que le Père Noël puisse déposer ses cadeaux dans les bons chaussons, sans se tromper j'espère.

Et maintenant voilà le problème : quand je suis chez ma grand-mère, il y a une cheminée en vrai, et quand je suis chez moi, il y a une cheminée en faux, c'est-à-dire le tuyau qui fait de l'air frais pour enlever l'odeur des frites.

Ça m'embête un peu que le Père Noël passe par là, parce que c'est un peu petit, comme cheminée, et après il doit sentir la frite... le pauvre ! Eh oui, c'est la vie

! Je suis obligée de mettre mes chaussons dans la cuisine, tout près du four mais pas trop près, car il y a notre

énorme poulet qui cuit là-dedans en ce moment ! Bon, en attendant je suis en chaussettes, moi !

On enlève ses chaussettes

J'enlève mes chaussettes, d'ailleurs, et tout d'un coup je pense aux Eskimos. Pas les glaces, mais les hommes, et leurs femmes et leurs enfants. Et comment font les Eskimos avec leurs chaussettes ? Ils les enlèvent, juste

pour Noël, et ils les pendent dans leur sapin, et ça leur fait des petits sacs, très jolis et très commodes pour y mettre des cadeaux ! Donc nous, même si on est pas des Eskimos, on a le droit de le faire aussi, et voilà le travail : nouvelles décorations à l'horizon !

Voici mes chaussettes, et les chaussettes de Nounours, et celles de maman, et celles de papa, et même celles de Gramère et de Gropère, et

même celles de Poupée. Il y a deux chaussettes pour chacun ! En plus c'est très joli, sauf les chaussettes de papa !

Les bonbons de fête

En attendant le dîner, qui est très tard ce soir, ce qui fait qu'on a très sommeil, il faut se réveiller avec du travail. Et c'est quoi le travail ? Eh bien, tout le monde fait des fruits déguisés : oui ! Déguisement ! on met de la

pâte d'amande verte dans une datte, par exemple. Et là on dirait un scarabée, et un gros, même ! Et sur la pâte d'amande rose, on met

une demi-noix, et là, on dirait une tortue rose ! Et sur cette pâte d'amande blanche, on plante une amande : et là on dirait un

monstre ! J'adore déguiser les fruits, et quelquefois je change les couleurs : ça fait des scarabées roses, et des tortues blanches et des monstres verts... Et tout ça c'est pour manger ! Mais pour demain. Pour l'instant, on a le droit de goûter seulement tous les monstres ratés, et les monstres moches ! Il y en a plein, moi je vous dis !

Ah là là, ce Père Noël

Le Père Noël, est-ce qu'il vole dans le ciel ? Est-ce qu'il a un grand traîneau qui se remplit tout le temps de jouets ? Est-ce qu'il a des lutins pour le servir ? Est-ce qu'il vit au pôle Nord ? Est-ce qu'il va avoir ma lettre ?

Est-ce qu'il peut me donner tout ce que je veux ? Et, est-ce qu'il connaît le Père Fouettard ? Est-ce qu'il me connaît ? Est-ce qu'il a le

temps de donner des cadeaux à tout le monde ?

Est-ce qu'il fait les paquets avec des papiers de magasin ? Est-ce qu'il fait ses

courses au supermarché ? Est-ce qu'il mange comme nous ? Est-ce qu'il aime le chocolat ? Est-ce que c'est vrai qu'il serait très furieux

si nous, on l'attendait après minuit pour le voir passer par le tuyau d'aération de la cuisine ? Est-ce qu'il rétrécit pour passer dans toutes ces

petites cheminées ? Est-ce que ça salit son habit rouge et ses fourrures blanches ? Est-ce que ses fourrures sont en vraie fourrure ou en peluche ?

Nounours ! Toi qui as le droit de le voir, s'il te plaît n'oublie pas de lui demander tout ça !

Les chansons de Noël

Hein, qu'est-ce que j'entends dans la rue, maintenant ? Y a des enfants qui chantent ? Vite en chemise de nuit ! Et nous, pourquoi on ne chante pas ? On va se chanter des histoires de Noël, et danser, même !

Heu, Nounours, tu commences ? T'aurais pas une idée de chanson ? Non, tu es trop timide ? Encore ? Comme timide, toi alors tu exagères !

Bon, écoute et ne rigole pas :

Bonjour c'est Noël !
C'est lui qui m'ensorcelle !
Et ça me fait plus belle !
Même s'il tombe de la grêle !
Et même si on se gèle !
Nounours aura son miel !
Car c'est le temps de Noël !

Comment tu la trouves, Nounours, ma chanson de Noël ?

Tu en veux une autre, une avec Jésus ? Ah ça, c'est plus difficile…

Bon et voilà la nouvelle chanson :

Il est revenu !
Ce petit Jésus !
Tout le monde l'a vu !
Il est dans la rue !
Tout le monde l'a vu !
Le bœuf souffle dessus !

Et même l'âne l'a reconnu !

Chante aussi, Nounours ! Quoi, tu n'es pas encore au lit ? Encore une et après c'est fini et au lit, compris ? Écoute bien :

Pipi dans le pot !
Gros dodo !
Lolo bien chaud
Et plus un mot !

On joue au Père Noël

Ah, j'ai bien dîné, moi ! Maintenant il faut dormir, car il est bientôt minuit.

C'est très tard pour des enfants comme vous, hein Nounours ! Allez silence, il faut que je fasse mon travail de cadeaux. Vous, au lit !

Vous n'avez pas le droit de regarder ! Je vais chercher mes paquets sous mon lit, et hop ! Dans les bonnes chaussettes !

Pour Maman, je lui mets ma chanson de Noël ! Pour papa, ma chanson de Jésus ! Pour Gropère, un livre de quand j'était petite, car il faut que ce soit écrit gros pour que Gropère puisse lire ! Et pour Gramère, un chouchou doré pour la rajeunir ! Et moi ? Je regarde

s'il y a quelque chose dans mes chaussettes, un petit cadeau qui serait arrivé en avance par hasard... Rien ! Et dans mes chaussons ?... Rien ! Ah là là, il va falloir attendre toute la nuit ! C'est trop long, Noël ! Et en plus, après c'est fini ! Il faudra tout recommencer l'année prochaine...

Ça y est, c'est Noël

Je me suis endormie avant minuit, j'ai rêvé de Noël toute la nuit, et quand je me réveille, qu'est-ce que je vois ? Rien !

Mais qu'est-ce que j'entends ? Tout le monde qui rit et qui crie :

— Oh là là, il est passé, je viens juste de le voir, et il a laissé plein de petits paquets partout ! Venez voir !

Ça alors ! Noël, ça marche toujours, même si ce vieux Père Noël se trompe quelquefois de cadeau car il apporte des trucs qu'on n'a pas demandés... Il y a des paquets que je ne connais pas ma parole ! Ça ne fait rien, car tout le monde rigole, tout le monde s'embrasse, et tout le monde me dit :

« Joyeux Noël,
ma Mimi Cracra
chérie ! »

Table

Imprimé en France par ***Partenaires-Livres®***
n° dépôt légal : 47733 - octobre 2004
20.24.0957.9/01 ISBN : 2.01.200957.3
Loi n° 49-956 du 16 juillet 1949
sur les publications destinées à la jeunesse